VENTE
des 22 et 23 Décembre 1911

HOTEL DROUOT — SALLE N° 12

EXPOSITION PUBLIQUE
Le Jeudi 21 Décembre 1911
DE 2 A 6 HEURES

BELLES TAPISSERIES ANCIENNES

des Flandres et d'Aubusson

DES XVIIe ET XVIIIe SIÈCLES

Mobiliers

D'ÉPOQUES ET D STYLES

DEUX DESSINS par J.-M. MOREAU le Jeune

EXEMPLAIRE DE H. STETTINER

Me BAYLÉ
COMMISSAIRE-PRISEUR
6, Cité Trévise

Assisté
pour les Dessins de MOREAU le Jeune
et les Tapisseries anciennes de
MM. PAULME et B. LASQUIN Fils
EXPERTS
10, Rue Chauchat 11, Rue Grange-Batelière

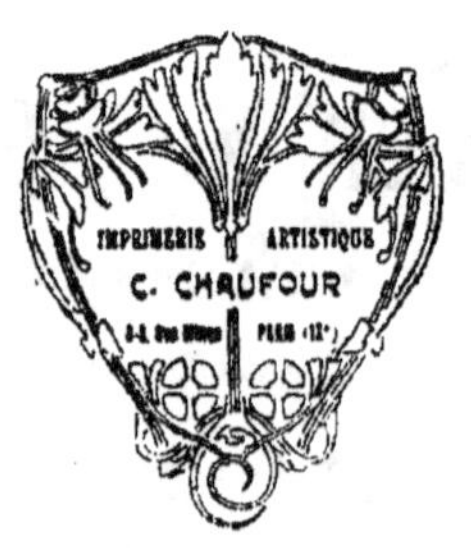

IMPRIMERIE ARTISTIQUE C. CHAUFOUR — 3-5, Rue Bréa — PARIS (12e)

BELLES TAPISSERIES ANCIENNES

DES FLANDRES & D'AUBUSSON

des XVIIe et XVIIIe Siècles

DEUX DESSINS par J.-M. MOREAU le Jeune

signés et datés

TAPIS — ÉTOFFES — DENTELLES

MOBILIERS

de Salon, de Salle à manger, Chambres à coucher
d'ÉPOQUES et de STYLES Louis XIII, Louis XV, Louis XVI et Empire

Armoire normande, Bureau ministre

CRÉDENCE GOTHIQUE

Bronzes d'Art et d'Ameublement

Piano, Harpe

TABLEAUX, GRAVURES

OBJETS DIVERS

DONT LA VENTE AUX ENCHÈRES PUBLIQUES AURA LIEU

HOTEL DROUOT — SALLE N° 12

Le Vendredi 22 Décembre 1911, à 2 heures 1/2

et le Samedi 23 Décembre 1911, à 4 heures

Me BAYLÉ, Commissaire-Priseur

6, Cité Trévise — TÉLÉPHONE : 273-34

Assisté pour les dessins de MOREAU le Jeune et les tapisseries anciennes de

MM. PAULME et B. LASQUIN Fils, Experts

10, Rue Chauchat — 11, Rue de la Grange-Batelière

CHEZ LESQUELS SE TROUVE LE CATALOGUE

NOTA. — Les Meubles, Tableaux et Objets divers seront vendus le Vendredi 22 Décembre 1911, à 2 heures.

Les deux Dessins de MOREAU le Jeune ainsi que les Tapisseries anciennes seront vendus le Samedi 23 Décembre 1911, à 4 heures.

EXPOSITION PUBLIQUE : le Jeudi 21 Décembre 1911, de 2 h. à 6 h.

(Les deux dessins de MOREAU le Jeune et les tapisseries anciennes seront de nouveau exposés le Samedi 23 Décembre 1911, de 2 heures à 4 heures, avant la vente).

CONDITIONS DE LA VENTE

La vente sera faite au comptant.

Les adjudicataires paieront *dix pour cent* en sus des enchères.

L'exposition mettant le public à même de se rendre compte de l'état et de la nature des objets, il ne sera admis aucune réclamation une fois l'adjudication prononcée.

L'ordre du présent catalogue pourra être changé.

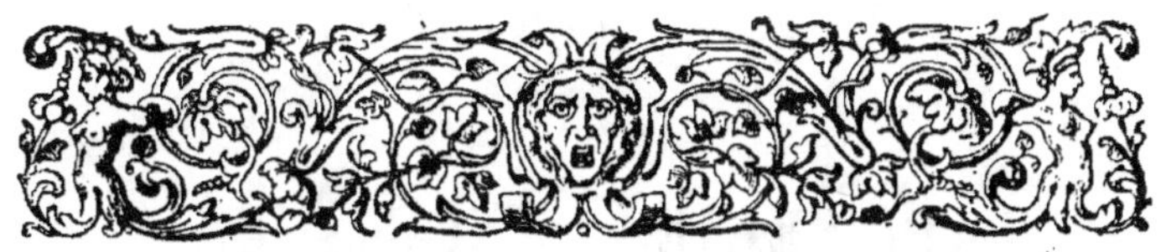

DÉSIGNATION

DESSINS ANCIENS

MOREAU LE JEUNE (Jean-Michel)

1 — *Le Concert.*
   La Partie de tric-trac.

Deux charmants petits dessins à la plume lavés de bistre comprenant chacun quatre personnages dans un intérieur.

Tous deux sont signés et datés 1761.

Haut. : 0ᵐ11; Larg. : 0ᵐ16.

TAPISSERIES ANCIENNES
des Flandres et d'Aubusson
DES XVIIe ET XVIIIe SIÈCLES

2 à 6 — Tenture en ancienne tapisserie flamande du commencement du xviii° siècle, se composant de six pièces, quatre grands panneaux et deux portières. Elles présentent toutes un riant paysage avec constructions, cours d'eau, volatiles, perspectives et lointains. Bordures d'encadrement à enroulement de feuillage et fleurs, en bel état de coloris et conservation.

Seront divisées.

Dimensions des tapisseries :

Haut. : 2^m90; Larg. : 1^m25.
Haut. : 2^m90; Larg. : 1^m20.
Haut. : 2^m85; Larg. : 2^m80.
Haut. : 2^m00; Larg. : 4^m05.
Haut. : 2^m90; Larg. : 3^m20.
Haut. : 2^m90; Larg. : 3^m00.

7 — Tapisserie d'Aubusson du temps de Louis XIV, en deux parties pouvant se raccorder, faisant partie de la tenture de l'Histoire d'Alexandre et représentant la Tente de Darius. Bordures d'encadrement (incomplet) à motifs d'attributs guerriers et fleurs.

Haut. : 2^m40; Larg. : 3^m75

8 — Autre tapisserie d'Aubusson du temps de Louis XIV, faisant partie de la même tenture et représentant le Passage du Granique. Mêmes bordures que celles de la tapisserie précédente.

Haut. : 2^m45; Larg. : 3^m75.

9 — Grande tapisserie d'Aubusson du temps de
Louis XIV, représentant une prise de ville, tirée
de l'Histoire des Croisades. Bordures d'encadrement offrant des attributs guerriers, mili-
taires et maritimes.

Haut. : 2m85; Larg. : 5m10.

10 — Tapisserie d'Aubusson du xviiie siècle, verdure
avec animaux, pagode sur un rocher au bord
d'un cours d'eau. Bordure d'encadrement (parties modernes) à baguette enguirlandée de fleurs.

Haut. : 2m20; Larg. : 1m90.

11 — Autre tapisserie d'Aubusson du xviiie siècle,
analogue à la tapisserie précédente. Bordures
d'encadrement (parties modernes) analogues.

Haut. : 2m35 ; Larg. : 1m20.

12 — Tapisserie d'Aubusson du xviiie siècle, offrant
un paysage-verdure et deux personnages. Bordures d'encadrement simulant un cadre.

Haut. : 2m55; Larg. : 2m35.

13 — Tapis d'Aubusson genre Savonnerie, à semis
de rosaces ou médaillons chargés de fleurs enca-
drés de laurier. Epoque de la Restauration.

Haut. : 3m40 ; Larg. : 3m90.

TABLEAUX

ÉCOLE ANGLAISE

14 — Jeune femme en profil, tête tournée de trois quarts, tenant dans ses bras une gerbe de fleurs.

MICHEL (Attribué à)

15 — Une toile représentant un paysage avec au milieu et en avant un chemin creux, dans lequel se trouve un attelage.

ECOLE ITALIENNE

16 — Une toile représentant une scène religieuse.

17 — Petite peinture ancienne représentant une jeune femme sous une treille, lutinant avec des amours.

O. LE MAY

18-19 — Deux toiles de O. LE MAY :

1º Dans une grotte, auprès d'un ruisseau, Androclès retire une épine de la patte d'un lion ; à gauche tombe une cascade et au fond dans deux éclaircies on aperçoit le paysage.

2º Dans une forêt, une tigresse allaite un enfant au pied d'un arbre sur lequel s'est refugié un chasseur qui assiste, surpris, à ce spectacle.

Haut. : 0m50 ; Larg. : 0m60.

Signés à droite.

BRONZES

20 — Phryné, beau bronze signé CAMPAGNE.

Haut.: 0m60.

21 — Innocente et Folie, groupe bronze, signé DUMAIGE.

Haut. : 0m55.

22 — Femme jouant du pipeau, d'après CLODION.

Haut.: 0m65.

23 — Eléphant en bronze vert, signé DELABRIERRE.

24 — Un profil en fer, représentant Louis XV.

DENTELLES

25 — Dessus de lit, broderie et filets.

26 — Quatre bandeaux en filet.

Sera divisé.

27 — Chemises garnies de dentelles anciennes et draps ourlés et ajourés.

Sera divisé.

28 — Dentelles anciennes.

Sera divisé.

29 — Parure d'Eglise : étoffe ancienne d'époque
Louis XV, en parfait état (soie brochée à fleurs
enguirlandées, garnie de galons d'or), composée
de quatorze pièces : une chape, deux dalmati-
ques, une chasuble, un voile, etc.

---

30 — Un fusil «Darne» calibre 12: percussion cen-
trale, canons fixes, frettés, acier fondu et resué
(parfait état).

31 — Piano droit de Delisle, palissandre verni, style
Chippendale, filets citronnier.

32 — Belle harpe Louis XVI en bois sculpté ornée de
guirlandes, avec table et dossier ornés de pein-
tures genre vernis Martin (parfait état).

32 *bis* -- Quatre portières en tapisserie moderne,
verdures avec, au premier plan, volatiles et
paysages.

MEUBLES

33 — Belle armoire normande, en chêne sculpté
et ciré, ornée de guirlandes et de fleurs.

34 — Très belle table d'époque Louis XVI, bois
doré, plateau orné de guirlandée en bois sculpté
et garni d'un joli marbre de couleur.

34 *bis* — Chambre à coucher de style Louis XVI en acajou garni de bronzes, armoire à glaces.

35 — Cl eminée en bois sculpté composée de deux panneaux d'époque Louis XV en noyer ciré, avec encadrement de style.

Haut : 3ᵐ10 ; Larg. : 1ᵐ80.

36 — Armoire de style Louis XIII ornée d'un panneau ancien de l'époque avec sujet personnage religieux.

37 — Crédence de style gothique avec deux portes dans le haut et deux autres en bas.

38 — Armoire de style Louis XIII noyer ciré, ornée de panneaux sculptés.

39 — Fauteuil de bureau bois noir orné d'une ceinture et de deux amours en bronze doré.

40 — Beau meuble de salon de style Louis XV en bois doré, garni de tapisserie à fleurs, comprenant : un canapé, deux fauteuils et quatre chaises.

41 — Jolie petite vitrine de style Louis XVI marqueterie et bronzes.

42 — Bureau de dame de style Louis XV marqueterie italienne.

43 — Petite table marqueterie italienne, style Louis XVI.

44 — Desserte Empire en acajou garnie de bronzes dorés.

45 — Console Empire en acajou, avec dans le milieu un sujet bronze doré : femme.

46 — Deux pieds-socles Empire en acajou.

47 — Beau bureau ministre en chêne sculpté,

48 — Bibliothèque noyer, style Louis XVI.

49 — Chiffonnier de style Louis XVI, en acajou, à filets cuivre.

50 — Console Empire acajou ornée de bronzes, avec dessus de marbre gris.

51 — Commode style Louis XVI, acajou ciré, garni de filets cuivre et avec dessus de marbre.

52 — Quatre chaises de style Louis XV, acajou, garnies de chagrin rouge.

53 — Petite commode de style Louis XVI, marqueterie et cuivre.

54 — Bergère empire et deux fauteuils garnis d'étoffe frappée velours vert.

55 — Jolie coiffeuse marqueterie Louis XV.

56 — Console demi lune, acajou, Louis XVI.

57 — Table de nuit à glissière Louis XVI.

58 — Fauteuil et deux chaises, acajou et noyer, recouverts en étoffe.

58 *bis* — Un fauteuil et deux chaises en noyer, garnis de drap et de galons.

5g — Deux tabourets de style Louis XVI, dont un recouvert ancienne tapisserie.

60 — Un coffre-fort.

Haut. : o^m90.

61 — Une toilette lavabo.

62 — Objets divers non catalogués.